GARTEN GEMÜSE

LANDHAUSKÜCHE

ARUGULA
ESCAROLE
ARUGULA

GARTEN GEMÜSE

LANDHAUSKÜCHE

Von Sibella Kraus

Fotos von Deborah Jones

Aus dem Englischen von Susanne Dickerhof-Kranz

Bearbeitet von Marion Morawek

KOMET

Die Originalausgabe erschien unter dem Titel
Greens: A Country Garden Cookbook bei Collins Publishers, San Francisco

Published by arrangement with HarperCollins Publishers Inc.
Sonderausgabe für KOMET MA-Service und Verlagsgesellschaft mbH
Gesamtherstellung: KOMET MA-Service und Verlagsgesellschaft mbH
ISBN 3-89836-233-7

INHALT

Geh doch zu Gärtners Lieschen
und hole mir Radieschen
mit Büscheln grün und frisch
für meinen Morgentisch.

❦

Der Lunge dienet der Spinat,
kühlt Leber Dir und Magen,
ich gebe Dir den guten Rat,
Du sollst ihm nicht entsagen.

Volksmund

EIN WORT VORWEG

Noch vor wenigen Jahren war das Salatessen bei uns eine eher langweilige kulinarische Pflichtübung zum Thema Gesundheit. Denn außer Kopfsalat und Eisbergsalat, den beiden neutralsten Vertretern der Abteilung Blattgrün, gab es nicht viel auf unseren Märkten. Voller Neid bewunderten wir die üppigen Auslagen südlicher Märkte. Nur wer einen Garten hatte, war fein raus.

Aber heute ist auch auf unseren Märkten die Auswahl an Blattgrün größer. Formen- und Farbenvielfalt erinnern schon fast an die Märkte des Südens. Selbst so ungewöhnliche Spezialitäten wie Ruchetta (Rauke) sind nicht mehr schwer zu finden, und hier und da bekommt man auch schon fertig gemischte Salatblätter unterschiedlichster Art zu kaufen.

Und wer sich in asiatische Geschäfte begibt, von denen es auch immer mehr gibt, kann dort so interessante Gemüse wie Senfkohl und Pak-choi finden, die dem Salatfetischisten völlig neue Geschmackserlebnisse bescheren.

Auch die Gartenliebhaber kommen auf ihre Kosten. Denn hier und da findet man jetzt Saatgut für besonders wohlschmeckende, aber ungewöhnliche Blättchen wie Amaranth, roten Mangold oder Gartenlöwenzahn.

Ein ganz besonderer Tip für Gartenbesitzer: Das Grün vieler Pflanzen ist eßbar, solange es jung und zart ist. Ob es das zarte Möhrengrün ist, die Blätter von Kohlrabi, Rüben oder Roten Beten oder die ersten Keime des Knoblauchs: abschneiden, sehr fein schneiden und unter den Salat mischen. Das bringt interessante Abwechslung in die Salatschüssel!

UMGANG MIT BLATTGEMÜSE

Je frischer ein Salat ist, desto besser schmeckt er. Ideal: fünf Minuten vor dem Essen in den Garten gehen und die Blätter ernten. Wenn man Salat einkauft, sollte man darauf achten, daß die Blätter keine Druckstellen haben und die Schnittkanten hell und feucht sind.
Salat, der nicht sofort verzehrt wird, lagert man im Gemüsefach des Kühlschranks, am besten in feuchte Tücher oder Küchenpapier gehüllt. Auch gut geeignet: Kunststoffbeutel, in die man ein paar Löcher sticht, damit die Feuchtigkeit sich nicht staut. Zarte Kräuter gibt man ebenfalls in Kunststoffbeutel, die man etwas aufbläst und verschließt, damit die Kräuter keine Druckstellen bekommen.
Zum Waschen die Blätter voneinander lösen und in stehendem kalten Wasser vorsichtig schwenken, bis kein Sand und keine Verunreinigungen mehr zu erkennen sind. Dann mit einer Salatschleuder oder in einem Küchenhandtuch trockenschleudern. Anschließend in mundgerechte Stücke zupfen.
Sehr sandiger Salat sollte mehrfach gewaschen werden.

WISSENSWERTES ÜBER GARTENGEMÜSE

Kopfsalate
Sie bilden mit ihrem knackigen, aber relativ neutralen Geschmack die Basis der gemischten Salate. Es gibt eine ganze Fülle von verschiedenen Sorten, die sich aus dem simplen grünen Kopf entwickelt haben.
Der **Kopfsalat**, auch Buttersalat genannt, ist der mit Abstand populärste Salat. Er wird jetzt auch schon mit roten Blättern angeboten.
Der Eisberg- oder **Eissalat** hat sehr dicke, knackige und wasserhaltige Blätter, die nicht so empfindlich sind wie die des Kopfsalates und auch ein kräftigeres Dressing vertragen.

Bataviasalat ist eine Kreuzung von Eis- und Kopfsalat und vereinigt die Knackigkeit des einen mit dem feineren Geschmack des anderen.

Pflücksalate kommen so gut wie immer aus dem eigenen Garten, weil die einzelnen Blättchen sehr empfindlich sind und sich nicht gut lagern lassen.
Neuzüchtungen aus dem Pflücksalat sind der **Lollo Bianco** und **Lollo Rosso**, die durch ihre starke Krause die Salatsaucen gut aufnehmen und durch ihren feinen Geschmack sehr schnell populär wurden.

Eichblattsalat gehört auch in die Unterabteilung des Pflücksalates und hat seinen Namen der charakteristischen Blattform zu verdanken.

Römersalat ist länglich und festblättrig und gehört im Sommer zu den köstlichsten und erfrischendsten Salaten überhaupt.

Milde Blattgemüse
Das ist vor allem der **Feldsalat** mit den vielen liebevollen Namen wie Rapunzel, Vogerlsalat, Nüßlisalat oder Mauseöhrchen. Er ist etwas mühsam zu säubern, lohnt aber die Mühe durch seinen nussigen, angenehmen Geschmack.

Würzige Blattgemüse
Amaranth ist bei uns so gut wie nicht zu bekommen. Man ersetzt ihn am besten durch Blattspinat.

Kresse kommt in mehreren Varianten auf den Markt: als glänzende und pfeffrige Brunnenkresse, als rundblättrige Kapuzinerkresse und als Würzkraut Gartenkresse, das bei uns fast immer in seiner jungen Form mit den gleichmäßigen Keimblättchen verkauft wird, nur selten im ausgewachsenen Zustand.

Rauke ist aus Italien zu uns gekommen und im Augenblick von der Speisekarte keines Restaurants wegzudenken. Auch Rucula, Ruchetta oder Roquette genannt.

Senfkohl, bei uns nur selten in asiatischen Läden zu finden, ist scharf und pfeffrig. Er eignet sich gut zum Mischen mit mildem Blattgemüse.

Mizuma, japanischer Senfkohl, ist sehr zart und scharf. Bei uns allerdings kaum zu finden.

Tat-soi ist eine weitere Variante des scharfen Senfkohls und wird besonders gern jung verwendet. Fundort: asiatische Geschäfte.

Robuste Blattgemüse
Diese Gemüse werden überwiegend gekocht. Junge, zarte Blätter kann man aber fast immer auch roh verwenden.

Pak-choi, chinesischer Senfkohl, hat feste weiße Stiele und pfeffrig schmeckende Blätter. Man verwendet ihn wie Chinakohl, er ist aber bedeutend würziger.

Rote-Bete-Blätter schmecken gut, solange sie noch klein und zart sind. Große Blätter werden ledrig.

Chinesischer Broccoli (italienisch Rapini) ist bei uns auch nur selten zu finden. Man verwendet die kohlartig schmeckenden Blätter und Stiele, wenn der Kohl noch jung ist.

Mangold ist bei uns meistens grün, der rotstielige ist nur selten zu finden. Für die Rezepte in diesem Buch verwendet man ausschließlich die Mangoldblätter. Die Stiele kann man schmoren und mit cremiger Sauce oder mit Käse gratiniert servieren.

Collard ist eine dem Grünkohl verwandte Kohlart mit festen, ledrigen Blättern, die es bei uns praktisch nicht gibt. Man ersetzt Collard durch Grünkohl.

Grünkohl braucht fast immer eine lange Garzeit und nicht zu wenig Fett. Nur die feinsten Spitzen kann man blanchieren und im Salat servieren.

Senfblätter sind in Asien in zahlreichen Varianten auf dem Markt. Bei uns jedoch nur schwer zu bekommen. Wenn man sie findet, sollte man unbedingt zugreifen. Die feinen jungen Blätter passen in den Salat, die älteren muß man schmoren.

Sauerampfer wächst wild auf den Wiesen, aber er wird auch bundweise verkauft. Seine erfrischende Säure schmeckt in Salaten, Suppen und Saucen.

Spinat gibt es als zarten Blattspinat, der jung geerntet wird, und als kräftigen Wurzel- oder Winterspinat mit herzhafterem Aroma.

Die Familie der **Endivien** ist vielfältig und unübersichtlich. Eskarol und glatte Endivie haben breite, harte Blätter von angenehmer Bitterkeit und unterschiedlicher Zackung. Die krause Endivie oder Frisée besteht aus feinsten Blattzacken. Endivien sind relativ winterhart. Daher kommen sie auch in den kälteren Monaten aus dem Freiland und sind im Winter weniger mit Nitrat belastet als andere grüne Gemüse.

Zur selben Familie gehört der **Chicoree** mit seiner angenehmen Bittersüße. Wer Chicoree zu bitter findet, schneidet den bitteren Kern keilförmig heraus und verwendet nur die Blätter.

Radicchio schmückt jeden Salat, denn die weißrote Färbung kontrastiert sehr pittoresk mit den üblicherweise grünen Blättern anderer Salate. Wegen seiner prononcierten Bitterkeit ist er besonders gut geeignet zum Mischen mit milderen Sorten. Im Gegensatz zum gängigen Radicchio mit kugelförmigem Kopf hat der zarte **Radicchio di Treviso** längliche Köpfe.

Eßbare Blüten

Mit Blüten oder Blütenblättern verfeinert man Salate aller Art. Und es ist erstaunlich, wie viele Blüten eßbar sind!
Erwähnt seien hier nur Gänseblümchen, Kapuzinerkresse, Ringelblumen, Calendula, Fuchsien, Geranien, Veilchen und natürlich Rosen. Hinzu kommen auch noch die dekorativen Blüten von Kräutern wie Borretsch, Schnittlauch, Lavendel, Oregano, Rosmarin, Salbei und Thymian.

Kopfsalate

Batavia

grüner Eichblattsalat

Lollo Rosso

roter Kopfsalat

Perella

roter Eichblattsalat

Tango

Römersalat

roter Römersalat

Robuste Blattgemüse

Pak-choi

Rote-Bete-Blätter

Collard

Broccoligrün

Grünkohl

Blattspinat
Senfblätter
Sauerampfer
roter Mangold
Rübenblätter
grüner Mangold

Milde Blattgemüse

Feldsalat

junge Senfblätter

Brunnenkresse

Würzige Blattgemüse

Mizuma

Gartenkresse

Rauke

Amaranth

Tat-soi

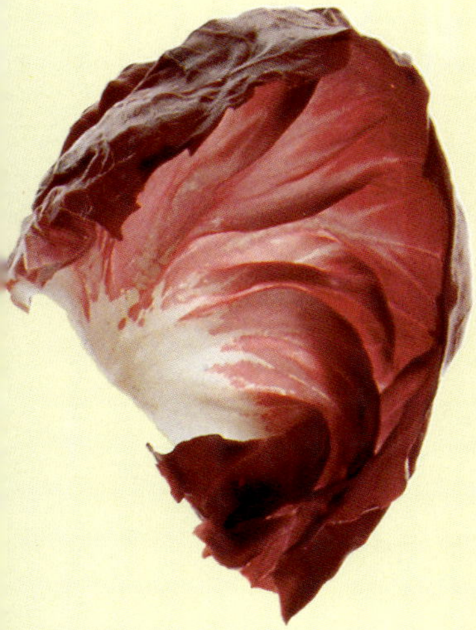

Radicchio

Radicchio di Treviso

Chicoree

Frisée

Endivie

Löwenzahn

Eskarol

VORSPEISEN

Frisches, knackiges Grün ist zweifellos die beste Art, eine Mahlzeit zu beginnen. Denn die würzigen Blätter haben nicht viele Kalorien, und die aromatischen Öle, die die meisten der Pflanzen enthalten, sind appetitanregend und verdauungsfördernd. Aber vor allem macht es Spaß, mit frischen, appetitlichen kleinen Köstlichkeiten zu beginnen.

Bei den hier vorgestellten Rezepten war vor allem die Küche der Mittelmeer-Länder Vorbild, die schon immer mit dem zu kochen verstanden, was auf ihren Feldern, in ihren Gärten oder in der freien Natur grünte.

Ob das die Weinblätter für die griechischen Dolmades sind, der Mangold für die Schinkenröllchen aus Italien oder der Sauerampfer für die cremige Suppe der Franzosen. Aber auch in anderen Ländern weiß man mit dem pikanten Grün umzugehen: Die Chinesen sind Meister der leichten Vorspeisen mit Kohl, Mangold oder Senfblättern, und das Kresse-Sandwich aus England ist längst Legende.

Weiße-Bohnen-Crostini mit Broccoligrün

Diese knusprigen Appetithappen wärmen einem das Herz an einem frostigen Wintertag. Das Rezept kann leicht verdoppelt oder verdreifacht werden, um eine ganze Partygesellschaft satt zu bekommen.

Püree aus weißen Bohnen:
1 Tasse Cannellini oder andere weiße Bohnen
2 EL raffiniertes Olivenöl
1 Lorbeerblatt
4 Knoblauchzehen, geschält
1 Zweiglein frischer Thymian
1 TL Salz
1 EL kaltgepreßtes Olivenöl

Broccoligrün:
1 Bund chinesischer Broccoli (in asiatischen Geschäften zu haben, ersatzweise Blätter und Stiele von Broccoli oder Chinakohl)
2 EL raffiniertes Olivenöl
1/2 TL Salz
1/8 TL getrocknete Chilischoten, fein gehackt (nach Belieben)

Crostini:
12 Scheiben italienisches Weißbrot
2 EL raffiniertes Olivenöl
1 bis 2 Knoblauchzehen, geschält und halbiert
2 EL kaltgepreßtes Olivenöl

Das Püree zubereiten: Die Bohnen in 4 Tassen kaltem Wasser 8 Stunden (oder über Nacht) einweichen. Abgießen und mit 3 Tassen frischem Wasser in einem Topf zum Kochen bringen. Anschließend das Olivenöl, Lorbeerblatt, Knoblauchzehen und Thymian dazugeben. 45 Minuten köcheln lassen, dann das Salz zugeben. Weitere 15 Minuten köcheln, bis die Bohnen weich sind und die Flüssigkeit fast ganz eingekocht ist. Von der Kochstelle nehmen und das Lorbeerblatt und den Thymianzweig entfernen. Das kaltgepreßte Olivenöl dazugeben und mit dem Schneidestab des Handrührers fein pürieren.

Den Backofen auf 225 Grad C vorheizen. Die Broccolimischung zubereiten: Den Broccoli waschen und die groben Stengel schälen. Die restlichen Stengel, das Grün und die Knospen fein hacken. (Anderes Grün ebenfalls putzen und in feine Streifen schneiden.) In einer großen Pfanne bei mittlerer Hitze in dem Olivenöl mit Salz und Chili anbraten. Etwa 10 Minuten garen, bis das Gemüse weich ist, aber nicht zerfällt.

Die Brotscheiben mit dem raffinierten Olivenöl bestreichen und im Ofen backen, bis sie knusprig werden, etwa 5 Minuten. Anschließend jede Scheibe gut mit der Knoblauchzehe einreiben.

Zum Anrichten großzügig Bohnenpüree auf die Crostini streichen, mit ein paar Tropfen kaltgepreßtem Olivenöl beträufeln und obenauf einen Löffel Broccoligrün geben. Alternativ können der Broccoli und das Bohnenpüree in kleinen Schüsselchen serviert werden (Püree immer mit ein wenig Olivenöl beträufelt). Die Crostini auf einer Extraplatte anrichten, und die Gäste nehmen sich selbst.

Ergibt 24 bis 32 Stücke für 4 bis 8 Personen

Schinkenbrötchen mit Rauke und gerösteter roter Paprika (Rezept siehe Seite 24)
und Weiße-Bohnen-Crostini mit Broccoligrün rechts

Schinkenbrötchen mit Rauke und gerösteter roter Paprika

Die leicht scharfe Rauke harmoniert köstlich mit den süßlichen und fleischigen roten Paprika und dem würzigen Schinken. Mit gewürzter Mayonnaise bestrichen, bekommt man ein kräftiges, saftiges Sandwich. Wenn die Paprika einen ausgereiften Geschmack haben, kann der Schinken weggelassen oder Schinken und Mayonnaise durch Ziegenkäse mit Kräutern ersetzt werden.

4 weiche, helle Brötchen
2 große rote Paprikaschoten
4 Scheiben Aubergine, etwa 6 mm dick geschnitten (nach Belieben)
4 dünne Scheiben Prosciutto (italienischer luftgetrockneter Schinken)
1 großes Bund Rauke, gewaschen, trockengeschleudert, die Stengel entfernt
Salz und frisch gemahlener schwarzer Pfeffer

Mayonnaise*
¼ l Olivenöl
1 Ei
½ TL Salz
1 EL Zitronensaft
1 kleine Knoblauchzehe, gepreßt
½ Tasse frisches Basilikum, in feine Streifen geschnitten

Den Backofen auf 250 Grad C vorheizen. Die Paprikaschoten putzen, vierteln, auf ein Backblech legen und garen, bis die Haut etwas angekohlt ist und Blasen wirft. Schoten etwas abkühlen lassen und häuten. Die Auberginenscheiben beidseitig mit Olivenöl bestreichen, etwas salzen und auf ein Backblech legen. Etwa 30 Minuten im Ofen backen, einmal wenden. Die Mayonnaise zubereiten: ⅛ l von dem Öl mit dem Ei, Salz und Zitronensaft im Mixer verschlagen, bis alles gut vermischt ist. Weiter rühren und dabei vorsichtig in dünnem Strahl das restliche Öl dazugeben. Knoblauch und Basilikum dazugeben und wieder mixen.

Die Mayonnaise großzügig auf den aufgeschnittenen Brötchen verstreichen. Prosciutto, Rauke, geröstete Paprikaschoten und nach Belieben Auberginenscheiben darauflegen. Die Paprikaschote mit Salz und frisch gemahlenem schwarzen Pfeffer nach Geschmack würzen.

Für 4 Personen

*) Ergibt mehr Mayonnaise, als für 4 Sandwiches benötigt wird. Das Rezept läßt sich aber nicht halbieren. Die Mayonnaise kann leicht für andere Salate oder Sandwiches verwendet werden. Fest zugedeckt, läßt sie sich eine Woche im Kühlschrank aufbewahren.

Chicoree mit Kräuter-Crème-Fraîche und Räucherlachs

Eine elegante Vorspeise, die ganz einfach zubereitet wird. Alternativ können die Chicoreeblätter auch mit einer Lachsmousse oder einem cremigen Blauschimmelkäse wie Blue Castello gefüllt und mit gerösteten Walnußkernen bestreut werden.

¼ l Crème fraîche
1 EL fein gehackte Schalotten
1 ½ EL Schnittlauchröllchen
1 ½ EL fein gehackter frischer Kerbel
1 TL fein gehackter frischer Estragon
¼ TL Salz
2 TL Zitronensaft
500 g Chicoree
125 g Räucherlachs, in dünnen Scheiben
frisch gemahlener schwarzer Pfeffer
1 Glas Lachskaviar (nach Belieben)

Crème fraîche mit je 1 EL Schalotten, Schnittlauch und Kerbel, dem ganzen Estragon, Salz und Zitronensaft vermengen. Restlichen Schnittlauch und Kerbel zum Garnieren aufheben. Mindestens 1 Stunde durchziehen lassen. Nach Geschmack salzen, aber denken Sie daran, daß der Räucherlachs salzig ist.

Die äußeren Blätter von jeder Chicoreeknolle abzupfen; Sie brauchen etwa 16 Blätter. Den Räucherlachs in 16 Streifen schneiden. Sollte der Lachs etwas zäh sein, schneiden Sie die Streifen noch ein- bis zweimal durch. Häufen Sie einen Löffel voll Kräuter-Crème-fraîche auf jedes Chicoreeblatt, und arrangieren Sie 1 Streifen oder kleinere Stücke Räucherlachs darauf. Mahlen Sie etwas schwarzen Pfeffer darüber, oder krönen Sie die Lachsstückchen mit einem Klecks Kaviar. Garnieren Sie alles mit dem restlichen Schnittlauch und dem Kerbel.

Ergibt etwa 16 Portionen, für 4 Personen

Schinkenröllchen mit Mangold

Mit diesen italienischen Appetithappen werden Sie viel Lob ernten. Servieren Sie sie als Antipasto zusammen mit schwarzen Oliven, Fenchelstreifen, gebackenen roten Paprika, frischen Radieschen und Grissini (italienische Brotstangen).

1 Bund rotstieliger Mangold (ersatzweise auch grüner Mangold)
2 EL raffiniertes Olivenöl
2 Knoblauchzehen, durchgepreßt
Salz
1 EL Rotweinessig
2 EL kaltgepreßtes Olivenöl
16 hauchdünne Scheiben Prosciutto

Mangold waschen, die Stiele abschneiden und anderweitig verwenden. Die Blätter übereinanderlegen und in dünne Streifen schneiden, anschließend noch einmal quer hacken. In einer großen Pfanne bei mittlerer Hitze das Blattgemüse in dem raffinierten Olivenöl mit dem Knoblauch und Salz andünsten. Etwa 7 bis 10 Minuten garen, bis das Gemüse weich ist, dann den Essig zugeben. Von der Kochstelle nehmen, das kaltgepreßte Olivenöl dazugeben und ruhen lassen, bis die Masse so weit abgekühlt ist, daß man sie verarbeiten kann. Einen Eßlöffel von der Füllung auf das schmale Ende des Schinkens häufen und aufrollen. Falls erforderlich, die Schinkenröllchen halbieren.

Für 4 bis 8 Personen

Sandwiches mit Brunnenkresse (Rezept siehe Seite 28) und Schinkenröllchen mit Mangold gefüllt

Brunnenkresse-Sandwiches

Hauchdünne, rindenlose Brunnenkresse-Sandwiches gehörten früher zur Grundnahrung der englischen Aristokratie. Unsere Version ist sehr viel robuster – und durch die leuchtenden Kresseblüten eine wahre Augenweide!

1 großes Bund Brunnenkresse
30 Kapuzinerkresseblüten
250 g cremiger Frischkäse
2 fein gehackte Zwiebeln
½ Salatgurke, geschält, entkernt und fein gehackt
½ TL Salz
⅛ TL frisch gemahlener schwarzer Pfeffer
8 Scheiben helles Landbrot

Brunnenkresse waschen und abtrocknen, die harten Stengel entfernen. Eine Handvoll Brunnenkresse zum Garnieren beiseite stellen. Den Rest fein hacken. Die Kapuzinerkresseblüten sehr vorsichtig waschen und abtrocknen und sorgfältig auf mögliche Insekten absuchen. 8 Blüten zum Garnieren aufheben, die restlichen Blüten in feine Streifen schneiden.
In einer mittelgroßen Schüssel Zwiebeln, Salatgurke, gehackte Brunnenkresse, einen Teil der Kapuzinerkresse, Salz und Pfeffer mit dem Frischkäse vermengen. Gut 1 Stunde durchziehen lassen.
Die Mischung auf die Brotscheiben streichen und mit den restlichen Brunnenkresseblättern und Blütenblättern der Kapuzinerkresse garnieren. Am schönsten sind diese Sandwiches, wenn man sie so wie auf dem Foto serviert. Zusammengeklappt kann man sie aber auch zum Picknick mitnehmen.

Für 4 Personen

Griechischer Spinatkuchen und Mangold-Dolmades (Rezepte siehe Seiten 31, 32)

Griechischer Spinatkuchen

In mundgerechte Happen geschnitten, darf dieser köstliche Spinatkuchen auf keinem griechischen Vorspeisenteller fehlen, der außerdem noch mit verschiedenen Oliven, Dolmades (gefüllten Weinblättern), Rettich, Hummus und Auberginenmus lockt.

1 kg Blattspinat (zur Abwechslung kann man auch einmal Mangoldblätter, Löwenzahn oder Rauke verwenden)
75 g Butter
2 Zwiebeln, fein gehackt
2 Bund Dill, fein gehackt
4–5 Eier
1/8 l Milch
Salz, Pfeffer
500 g milder griechischer Schafskäse
500 g Phylloteig (in griechischen oder türkischen Lebensmittelgeschäften erhältlich)
1 Eigelb

Spinat putzen, waschen, verlesen und in kochendem Wasser blanchieren. Abgießen, abschrecken, gut ausdrücken und grob hacken. Zwiebeln in 40 g Butter andünsten, Spinat und Dill zugeben und unter ständigem Wenden 5 bis 10 Minuten garen.

Eier, Milch, Salz und Pfeffer in einer Schüssel verschlagen, Schafskäse fein zerbröseln und zugeben. Spinatmasse darunterheben.

Eine Auflaufform mit sieben Lagen Phylloteig auskleiden, die Ränder müssen seitlich überlappen. Spinatmasse hineinfüllen und gleichmäßig verstreichen. Sieben Lagen Phylloteig darüberlegen, die Ränder darüberklappen. Den Teig mit einem scharfen Messer einschneiden, mit Eigelb einpinseln und mit der restlichen Butter in Flöckchen belegen.

Im vorgeheizten Backofen bei 250 Grad C 30 Minuten backen, dann weitere 30 Minuten bei 200 Grad C, bis die Oberfläche goldbraun ist.

In Stücke schneiden und heiß oder kalt servieren.

Für 6 bis 8 Portionen

Mangold-Dolmades

Die klassischen griechischen Dolmades bestehen gewöhnlich aus Weinblättern, die man fertig eingelegt kaufen kann. Unsere Variante mit Mangoldblättern und viel Zitronensaft gibt dem Gericht eine frischere Note. Daß die Dolmades im Backofen gegart werden müssen, kompliziert die Sache zwar etwas, kommt aber dem Aroma zugute.

1 Bund Mangold (etwa 20 Blätter)
75 g Pinienkerne, geröstet
3 EL Olivenöl
1 fein gehackte Zwiebel
125 g Reis
2 Bund fein gewiegte frische Petersilie
1 Bund gehackter Dill
60 g Korinthen
¾ TL Salz
4 TL Zitronensaft
1 Zimtstange
1 Zitrone, in Achteln

Den Backofen auf 175 Grad C vorheizen. Die Stiele der Mangoldblätter abschneiden und anderweitig verwenden. Mit einem scharfen Messer den zähen Teil der Mittelrippe herausschneiden, aber vorsichtig, damit Sie das Blatt nicht entzweischneiden. Die Mangoldblätter in reichlich Salzwasser 30 Sekunden blanchieren. Sofort mit kaltem Wasser abschrecken und abtropfen lassen. Dann sorgfältig auf Küchenkrepp ausbreiten, damit die Feuchtigkeit aufgesaugt wird.

In einem mittelgroßen Topf die Zwiebel in 2 EL Öl bei mittlerer Hitze 7 bis 10 Minuten glasig dünsten. Reis, Petersilie, Dill, Korinthen, Salz, 2 TL Zitronensaft und die Zimtstange dazugeben. Mit ¼ l kochendheißem Wasser auffüllen, zudecken und etwa 15 Minuten köcheln lassen. Die Mischung auf Zimmerwärme abkühlen lassen und die Zimtstange entfernen.

Eine ofenfeste Form mit der Hälfte des restlichen Olivenöls bestreichen. Ein Mangoldblatt mit der nach innen gewölbten Seite des Stengels nach oben hinlegen. Falls das Blatt in der Mitte eingeschnitten wurde, Hälften überlappen lassen, damit kein Loch entsteht. Einen Löffel der Füllung auf das Blattende geben, zuerst das Blattende, dann die Seiten umschlagen und vom Blattende her einrollen. Dolmades mit dem freien Blattende nach unten in den Topf legen. Mit den übrigen Mangoldblättern und der Reisfüllung ebenso verfahren. Die Dolmades dicht nebeneinander in den Topf legen, damit sie festgerollt bleiben. Die Oberseite mit dem restlichen Olivenöl bestreichen.

In einem kleinen Topf 1 Tasse kochendheißes Wasser mit den restlichen 2 TL Zitronensaft und ½ TL Salz mischen. Über die Dolmades gießen. Die Dolmades mit einer zweiten, etwas kleineren Auflaufform beschweren. 2 Tassen kochendheißes Wasser in die obere Auflaufform gießen. Die Dolmades etwa 30 Minuten im Backofen garen. Aus dem Ofen nehmen und abkühlen lassen. Beide Auflaufformen zusammenhalten und vorsichtig das Wasser bzw. die Schmorflüssigkeit abgießen. Die Dolmades zimmerwarm mit Zitronenachteln garniert servieren.

Ergibt etwa 20 Stück, für 4 bis 8 Personen

Teigrollen mit Pak-choi und Shiitake

Verwenden Sie eine beschichtete Pfanne, damit die Teigtaschen beim Braten nicht haften bleiben. Das Lob, das Sie beim Servieren dieser Teigtaschen bekommen, entschädigt für die Mühe bei der Zubereitung – und beim Einkauf der nicht ganz alltäglichen Zutaten.

Füllung:
750 g junger Pak-choi (chinesischer Senfkohl, in asiatischen Fachgeschäften erhältlich)
350 g Shiitake-Pilze, fein gehackt
2 EL Erdnußöl
1 EL dunkles Sesamöl
1 TL Chiliöl
1/4 TL Salz
3 EL frischer Ingwer, fein gehackt
1 Dose Wasserkastanien, gehackt
4 Knoblauchzehen, fein gehackt
4 Frühlingszwiebeln, gehackt
2 TL Speisestärke
3 EL Sojasauce
4 TL Reisweinessig
1 Packung Dim-Sum-Teig (in asiatischen Fachgeschäften erhältlich)

Zum Braten der Teigtaschen:
2 TL Erdnußöl
2 TL dunkles Sesamöl

Für die Dipsauce:
Reisweinessig
Chiliöl
Scharfer Senf
Sojasauce

Den Strunk des Pak-choi abschneiden, die Blattstiele bis auf etwa 2,5 cm kürzen. Blätter waschen, abtrocknen und sehr fein hacken. In einer großen Pfanne bei mittlerer Hitze Pak-choi und Shiitake in einer Mischung aus den Ölen andünsten, salzen. Wenn die Gemüse fast gar, aber noch bißfest sind, Ingwer, Wasserkastanien, Knoblauch und Frühlingszwiebeln dazugeben. Weitere 5 Minuten garen.
In einer kleinen Tasse die Speisestärke in der Sojasauce und dem Essig auflösen. Diese Mischung an das Gemüse geben und ein paar Minuten weiterkochen lassen, bis die Sauce eingedickt ist. Die Mischung von der Kochstelle nehmen und vollständig abkühlen lassen.
Teigröllchen füllen: je einen gestrichenen Eßlöffel der Füllung in die Mitte des Teigplättchens legen. Finger in eine kleine Schale mit Wasser tauchen und den Rand des Teigmantels befeuchten. Die Seiten übereinanderschlagen und Ränder zusammendrücken. Versichern Sie sich, daß alle Teigröllchen fest zusammengedrückt sind.
Eine große Pfanne mit der Hälfte des Erdnußöls und des Sesamöls einpinseln und auf mittlere bis große Hitze stellen. Wenn das Öl heiß ist, die Hälfte der Teigtaschen nebeneinander in die Pfanne legen. Rundherum braten, bis sie an der Unterseite knusprig werden, etwa 3 bis 5 Minuten, dann etwas Wasser zugießen. Bei zugedeckter Pfanne dünsten, bis die Teigtaschen leicht durchsichtig werden, etwa 5 Minuten. Die Teigtaschen mit dem Bratenwender herausheben und warm stellen. Die Pfanne auswischen und mit der zweiten Portion Teigtaschen ebenso verfahren.
Reisessig mit Chiliöl, Senf und Sojasauce verrühren und die Röllchen mit der Dipsauce servieren.

Ergibt etwa 48 Teigtaschen, für 6 bis 8 Personen

Sauerampfer-Cremesuppe

Hier wird die leichtere Variante vorgestellt, die von dem herkömmlichen, deutlich schwereren Rezept abgeleitet wurde. Wenn Sie gerade Ihre ersten Gehversuche mit Sauerampfer machen wollen, ist diese Suppe eine feine Übung.

4 EL Butter
2 große Porreestangen, in Scheiben geschnitten
1/2 TL Salz
1 1/4 l Hühnerbrühe (am besten frisch gekocht nach dem Rezept rechts)
500 g Kartoffeln (etwa 4 mittelgroße), geschält und gewürfelt
2 Bund Sauerampfer, gewaschen, abgetrocknet und grob gehackt
1/4 l Schlagsahne
Salz und frisch gemahlener schwarzer Pfeffer
Kerbel zum Garnieren

In einem großen Topf den Porree bei mittlerer Hitze in der Butter weich dünsten, etwa 10 Minuten. Salz, Hühnerbrühe und Kartoffeln dazugeben. Köcheln, bis die Kartoffeln richtig gar sind. Sauerampfer dazugeben und weiterköcheln, bis der Sauerampfer weich ist.
Mit dem Püierstab des Handrührers pürieren. Mischung bei geringer Hitze warm halten und Sahne hineinrühren. Nach Geschmack mit Salz und frisch gemahlenem schwarzen Pfeffer würzen. Mit Kerbelblättchen garnieren.

Für 4 Personen

Hühnerbrühe

Am besten kochen Sie Hühnerklein oder Hähnchenteile, dann wird die Brühe wesentlich gehaltvoller. Wenn Sie nur die Knochen auskochen, wird die Brühe dünn im Geschmack und kann eine leicht graue Farbe annehmen.

1,5 kg Hähnchenteile und Hühnerklein
3 große Zwiebeln, grob gehackt
6 große Möhren, geputzt und grob gehackt
3 große Stangen Sellerie, grob gehackt
6 schwarze Pfefferkörner
1 TL Salz

Alle Zutaten mit 3 Liter kaltem Wasser in einem Suppentopf aufsetzen. Zum Kochen bringen und dann 3 Stunden köcheln lassen. Von Zeit zu Zeit abschäumen.
Die Brühe durchseihen, Hühnerteile und Gemüse wegwerfen. Abgekühlt kann die Brühe fest verschlossen einige Tage im Kühlschrank oder tiefgefroren mehrere Monate aufbewahrt werden.

Ergibt etwa 2 1/2 Liter

Im Uhrzeigersinn von links:
Weiße-Bohnen-Suppe mit Gartengemüse (Rezepte siehe Seite 36), Sauerampfer-Cremesuppe und Grünkohl-Kartoffel-Suppe (Rezepte siehe Seite 35, 37)

Weiße-Bohnen-Suppe mit Gartengemüse

Diese Sorte kräftige Brühe mit Bohnen, Gartengemüsen und Kräutern bildete über Jahrhunderte den Grundstock der herzhaften ländlichen Küche. In einigen herkömmlichen Rezepten werden Nudeln dazugegeben, in anderen Fleisch oder ein Schinkenknochen. Unsere Variante lebt von einer kräftigen Brühe und reichlich Gemüse. Ein üppiger Klecks frisch zubereitetes Pesto bereichert jede Portion.

1 Tasse weiße Bohnen
1 Lorbeerblatt
4 Knoblauchzehen, gepellt
1 großer Zweig Thymian
Salz
½ Tasse Möhren, geschält und gewürfelt
½ Tasse Sellerie, geputzt und gewürfelt
½ Tasse Porree, geputzt und gewürfelt
3 EL Olivenöl
1 kleines Bund Mangold, ersatzweise Rübengrün oder Endivie
2 Knoblauchzehen, fein gehackt
2 große Fleischtomaten, gehäutet, entkernt und gewürfelt
1 l Hühnerbrühe, frisch (Rezept siehe Seite 35) oder Instant

Pesto:
8 EL grob gehacktes Basilikum
2 TL Salz
2 EL geriebener Parmesan
1 EL geröstete Pinienkerne
1 kleine Knoblauchzehe, gehackt
5 EL fruchtiges Olivenöl

Die weißen Bohnen in 4 Tassen kaltem Wasser über Nacht (8 Stunden) einweichen. Abgießen und mit 3 Tassen frischem Wasser, Lorbeerblatt, Knoblauchzehen und Thymian aufsetzen. Zum Kochen bringen, dann 45 Minuten köcheln lassen, Salz zugeben. Weitere 15 Minuten köcheln lassen, bis die Bohnen weich sind und die Flüssigkeit fast eingekocht ist. Von der Kochstelle nehmen, Lorbeerblatt und Thymian entfernen.

Unterdessen in einem großen Topf Möhren, Sellerie und Porree 10 Minuten bei mittlerer Hitze in Olivenöl andünsten. Mangold waschen, die groben Stiele entfernen, anderweitig verwenden. Blätter in Streifen schneiden. Zusammen mit dem Knoblauch und Salz zu den anderen Gemüsen in den Topf geben und weitere 7 Minuten garen, bis das Gemüse weich ist. Von der Kochstelle nehmen.

Die Bohnen und die Gemüsemischung in einen großen Topf geben. Tomaten und Brühe dazugeben und etwa 25 Minuten köcheln lassen, damit alles gut durchziehen kann. Nach Geschmack mit Salz würzen.

Für das Pesto alle Zutaten in einer Küchenmaschine zerkleinern und glatt pürieren. Die Suppe auf vorgewärmte Teller geben. Jede Portion mit zwei EL Pesto krönen.

Für 4 Personen

Grünkohl-Kartoffel-Suppe

Ein Klassiker aus Portugal, der die einfache Küche bestens demonstriert. Grünkohl ist ein hartes Wintergemüse, das gewöhnlich lange gekocht werden muß, bis es weich ist und seinen Geschmack voll entfaltet. Die Wurst muß nicht sein, sie gibt diesem bodenständigen Gericht jedoch noch extra Pfiff.

500 g Grünkohl
1 fein gehackte Zwiebel
3 EL Olivenöl
2 Knoblauchzehen, fein gehackt
500 g Kartoffeln, geschält und in Würfel geschnitten
½ TL Salz
1 ½ l Hühnerbrühe, frisch (Rezept siehe Seite 35) oder Instant
250 g pikante Paprikawurst (z.B. Linguica, Chorizo oder Cabanossi), in Scheiben geschnitten
Pfeffer aus der Mühle

Die groben Stengel des Kohls entfernen. Blätter gründlich waschen, trockenschleudern und kreuzweise in 6 mm dicke Streifen schneiden. In einem großen Topf die Zwiebel in 2 EL Öl weich dünsten, etwa 7 Minuten, dann den Knoblauch dazugeben. Kohl, Kartoffeln, Salz und Hühnerbrühe dazugeben. Köcheln lassen, bis der Kohl richtig weich ist und die Kartoffeln zerfallen, etwa ¾ bis 1 Stunde.

In einer kleinen Pfanne die Wurstscheiben in 1 EL Öl braten und zum Abtropfen auf Küchenkrepp legen. An die Suppe geben. Die Suppe weitere 10 bis 15 Minuten köcheln lassen, bis alles gut durchgezogen ist. Mit Salz und Pfeffer nach Geschmack würzen.

Für 4 Personen

Erbsensuppe mit Römersalat

Werfen Sie die Vorstellung über Bord, daß man Salat nicht kocht! Die Suppe schmeckt heiß genauso köstlich wie leicht gekühlt.

1 großer Kopf Römersalat oder die Außenblätter von 2 Köpfen (ersatzweise Kopfsalat)
4 EL Butter
1 fein gehackte Zwiebel
1 TL frisch gehackter oder ½ TL getrockneter Estragon
1 ½ l Hühnerbrühe, frisch (Rezept siehe Seite 35) oder Instant
½ TL Salz
300 g junge Erbsen (nehmen Sie lieber Tiefkühlerbsen, wenn die Erbsen nicht wirklich frisch und süß sind)
⅛ l Crème fraîche

Zum Garnieren:
⅛ l Crème fraîche
4 TL gehackten Schnittlauch

Salatblätter waschen, abtrocknen und in Streifen schneiden. In einem großen Topf die Zwiebel in Öl bei mittlerer Hitze weich dünsten, etwa 10 Minuten. Salat und Estragon dazugeben, dann mit der Brühe auffüllen. Etwa 30 Minuten garen. Die Erbsen dazugeben und weiterköcheln, bis sie eben weich sind, aber noch ihre frische grüne Farbe haben, etwa 3 Minuten.
Mit dem Pürierstab pürieren, dann durch ein mittelfeines Sieb passieren, warm halten. Crème fraîche dazugeben und nach Geschmack würzen. Suppe auf Teller füllen, auf jede Portion einen Klecks Sahne geben und mit Schnittlauch bestreuen.

Unser Tip: *Wenn Sie Kopfsalat verwenden, vermindert sich die Garzeit auf 15 Minuten!*

Für 4 Personen

Eierblumensuppe mit Brunnenkresse

Diese chinesisch anmutende Suppe läßt sich im Nu zubereiten. Sie ist leicht und nahrhaft zugleich und eignet sich als Vorspeise oder kleine Mahlzeit für zwischendurch. Mit Ingwer und Frühlingszwiebeln aromatisiert und mit einer gewissen Schärfe durch das Chiliöl, ist diese Suppe sogar äußerst gesund und verdaulich.

1 großes Bund Brunnenkresse
1 l Hühnerbrühe, frisch (Rezept siehe Seite 35) oder Instant
1 EL frischer Ingwer, gehackt
4 Frühlingszwiebeln, schräg in dünne Ringe geschnitten
1 EL Sojasauce
1 TL Reisweinessig
½ TL dunkles Sesamöl
½ TL Chiliöl
2 Eier, verschlagen
Salz nach Geschmack
Gemahlener weißer Pfeffer

Brunnenkresse waschen und abtrocknen, die harten Stiele entfernen, grob hacken. In einem mittelgroßen Topf die Brühe mit dem Ingwer und den Frühlingszwiebeln erhitzen. Sojasauce, Essig und Öle dazugeben. Nach Geschmack salzen, Brunnenkresse dazugeben. Die Suppe zum Kochen bringen und die geschlagenen Eier vorsichtig darunterrühren, bis sie flockig werden. Von der Kochstelle nehmen. Mit weißem Pfeffer nach Geschmack würzen und sofort servieren.

Für 4 Personen

Rechts oben: Eierblumensuppe mit Brunnenkresse
Rechts unten: Erbsensuppe mit Römersalat

BEILAGEN

Salate und Blattgemüse sind ideal als Beilagen zu Hauptgängen aller Art. Auch wenn ein schlichter Kopfsalat niemanden zur Begeisterung treiben sollte: Es steckt mehr im Salat als das. Immer mehr Händler verkaufen interessante Salatvariationen oder gemischte Salate, fertig geputzt und geschnitten (Achtung: Sie müssen superfrisch sein, sonst schmecken sie nicht und sind unhygienisch!).
Salat muß nicht immer in der traditionellen Schüssel serviert werden. Eine große Platte ist oft viel geeigneter, weil die Salate nicht gedrückt werden und viel besser zur Wirkung kommen. Aber auch ein für jeden Esser separat angerichteter Salatteller macht einen attraktiven und appetitlichen Eindruck.
Ideale Leichtkost für die, die abnehmen möchten: ein Salatbett, auf dem frische Früchte arrangiert werden – zu jeder Jahreszeit andere.
Aber Blattgemüse schmeckt auch aus dem Topf und aus der Pfanne. Kurz gegart, raffiniert gewürzt oder gar knackig gegrillt, sind Blattgemüse eine perfekte Ergänzung zu kurzgebratenem Fleisch oder Fisch.

Gemischter grüner Salat (Grundrezept)

Wenn man sich an ein paar unkomplizierte Regeln hält, kann man aus jedem Salat ein wunderbares Gericht machen, das mit dem sauren Einerlei, das manche Restaurants als Salat servieren, nichts gemein hat.

Wichtig ist vor allem: die Frische der Blätter. Sie sollten so frisch und so knackig wie irgend möglich sein. Mehrere verschiedene Sorten von Grün sind besser als eine einzige, aber die Mischung muß harmonisch sein, ohne daß eine Blattsorte sich besonders vordrängt. Ideal ist folgende Kombination: milde Blätter von Kopfsalat, Lollo Rosso oder Eichblatt als neutrale, frische Basis. Für Knackigkeit und Struktur dazu ein paar Blättchen Frisée, herzhafte Rauke oder Feldsalat und für die Feinheit ein paar Blättchen Kerbel.

Wichtig ist, daß die Blätter gut gewaschen und anschließend trockengeschleudert werden, damit sie die Salatsauce gut annehmen und sie nicht verwässern.

Größere Blätter reißt man in Stücke, grobe Salatsorten wie Endivie kann man auch in Streifen schneiden.

Für die meisten Salate ist eine Vinaigrette ideal, so knapp gehalten, daß sie die Blätter fein ummantelt, aber nicht ertränkt. Die schwereren, cremigen Salatsaucen sollte man nur für robuste Salate wie Eisberg oder Endivie verwenden.

Grünen Salat sollten Sie immer erst unmittelbar vor dem Servieren mit der Sauce mischen, denn die zarten Blättchen fallen schnell zusammen.

Ein besonders raffinierter Trick, eine Salatsauce zu verfeinern: den klaren Bratenfond des Fleisches, das es zum Salat gibt, durch ein feines Sieb gießen und unter die Vinaigrette mischen.

Zum Anrichten sollte man in jedem Fall eine große, weite Schüssel oder eine Platte verwenden. Nichts ist schlimmer als ein in einer kleinen Schüssel zusammengepreßter Salat, der schnell welk und matschig wird. Und auch die Salattellerchen oder -schüsseln, in die der Salat dann gefüllt wird, sollten nicht zu klein sein.

Die schonendste Art, Salat und Sauce zu vermischen, ist, die Hände zu nehmen. (Das macht man allerdings besser in der Küche als am Eßtisch ...)

Auch der einfachste Salat kann durch ein paar simple Beilagen zum Ereignis werden: geröstete Brotwürfel, zerkrümelter Blauschimmelkäse oder gebratene Ziegenkäsescheiben passen hervorragend zu jedem grünen Salat!

Grundrezept:
4 große Handvoll verschiedener Blattgemüse (siehe Anmerkung links)

Croûtons:
12 bis 16 dünne Scheiben Baguette oder Toastbrot
1 EL Olivenöl
1 Knoblauchzehe, geschält

Vinaigrette:
4 EL kaltgepreßtes Olivenöl
1 EL Essig (Sherryessig, Balsamico oder Rotweinessig)
1 EL fein gehackte Schalotten
1 TL Salz

Das Blattgemüse waschen und trockenschleudern. Den Backofen auf 200 Grad C vorheizen. Die Brotscheiben mit Öl bestreichen und 5 bis 6 Minuten in den Ofen legen oder, bis sie gerade knusprig sind. Während sie noch ofenwarm sind, mit der Knoblauchzehe einreiben. In einer mittelgroßen Schüssel die Vinaigrette verschlagen. Je nach Säure des Essigs und Fruchtigkeit des Öls müssen Sie die Mischung ausbalancieren. Die Vinaigrette über das Blattgemüse geben, gut durchmischen. Mit Croûtons und/oder eßbaren Blüten garnieren.

Für 4 Personen

Cäsar-Salat

Selbst Leute, die sonst keine Sardellen mögen, essen liebend gern diesen Salat. Er ist erfrischend, reich an Geschmack und stellt für sich bereits eine kleine Mahlzeit dar. Am besten wird der Cäsar-Salat auf einer Platte oder in einer größeren Schale serviert, damit die Blätter nicht zerschnitten werden müssen. Wenn die Blätter ganz sind, dann macht es am meisten Spaß, den Salat mit den Fingern zu essen.

8 kleine Herzen Römersalat oder 4 große Herzen (heben Sie die äußeren Blätter für einen anderen Zweck auf)

Croûtons:
4 Scheiben frisches Weißbrot, gewürfelt
1 EL raffiniertes Olivenöl
1/8 TL Salz
1/2 Knoblauchzehe, durchgepreßt
1 EL kaltgepreßtes Olivenöl

Vinaigrette:
2 Eier, zimmerwarm
4 EL Olivenöl
3 1/2 TL Zitronensaft
1/2 TL Salz
4 EL geriebener Parmesan
2 kleine Knoblauchzehen oder 1 große, durchgepreßt
8 Sardellenfilets, mit dem Knoblauch zusammen zerdrückt
60 g Parmesan, gehobelt

Den Backofen auf 200 Grad C vorheizen. Die Salatblätter auseinanderzupfen, falls erforderlich, waschen und trockentupfen.
Die Brotwürfel salzen und in dem Olivenöl wenden und in einer Schicht auf ein Backblech legen. Im Backofen backen, bis sie gerade knusprig sind, etwa 5 Minuten. Sobald sie aus dem Ofen kommen, mit dem Knoblauch und dem kaltgepreßten Olivenöl vermengen.
Die Eier 30 Sekunden bis 1 Minute in kochendes Wasser legen. In Eiswasser abschrecken. Die Eier vorsichtig aus der Schale trennen und mit den übrigen Zutaten für die Vinaigrette in einer mittelgroßen Schüssel verschlagen. Falls erforderlich, geben Sie mehr Salz dazu. Die Salatblätter und die Croûtons vorsichtig in dem Dressing wenden. Auf einzelnen großen Tellern servieren oder in einer großen Schüssel. Garnieren Sie den Salat mit gehobeltem Parmesan.

Für 4 Personen

Gartensalat mit Kakis und Feigen

Im Herbst kommen die Kakis und Feigen auf den Markt. Mit einer würzigen Vinaigrette bereichern sie den herbstlichen Salat durch ihre seidige Süße und ihre herrliche Farbe und sind eine gute Alternative zu Tomaten.

4 große Handvoll gemischte Gartensalate (z. B. Frisée, Lollo Rosso, Kopfsalat, Brunnenkresse, Rauke, Chicoree und Radicchio)
75 g Pecannüsse oder Walnußkerne
2 große Kakis oder 4 kleine
8 reife blaue Feigen

Vinaigrette:
3 EL raffiniertes Olivenöl
3 EL kaltgepreßtes, fruchtiges Olivenöl
2 1/2 TL Balsamico
1 EL fein gehackte Schalotten
1/4 TL Salz

Den Backofen auf 175 Grad C vorheizen. Die Gartensalate waschen, trockenschleudern und eine große, flache Schüssel damit auslegen. Die Nüsse auf einem Backblech im Backofen 5 Minuten rösten und grob hacken. Die Kakis schälen, der Länge nach halbieren und in 6 mm dicke Stücke schneiden. Die Feigen der Länge nach halbieren. Die Vinaigrette in einer mittelgroßen Schüssel mischen. Den Salat mit der Vinaigrette und der Hälfte der Kakis, Feigen und Pekannüsse vermengen. Die restlichen Kakis, Feigen und Pecannüsse auf dem Salat anrichten.

Für 4 Personen

Oben links: Warmer Spinatsalat (Rezept siehe Seite 48)
Oben rechts: Gartensalat mit Kakis und Feigen

Warmer Spinatsalat

Dieser herzhafte, nahrhafte Salat schmeckt mit kräftigem, frischem Bauernbrot zum Brunch oder als kleine Mittagsmahlzeit. Wenn Sie ein echter Pancetta-Fan sind, können Sie das Brot sogar noch in dem ausgelassenen Speckfett mit Butter braten.

75 g Pancetta (italienischer Speck, ersatzweise durchwachsener Speck in dünnen Scheiben)
4 Eier, zimmerwarm
500 g Blattspinat, gewaschen, getrocknet, die Stiele entfernt

Vinaigrette:
6 EL Olivenöl
2 EL Rotweinessig
½ TL Salz
frisch gemahlener schwarzer Pfeffer

Pancetta in kleine Stücke schneiden und bei mittlerer Hitze in einer kleinen Pfanne braten, bis er knusprig ist. Pancetta zum Abtropfen auf Küchenkrepp legen und die Pfanne auswischen.
Unterdessen die Eier 7 Minuten in sprudelndem Wasser kochen. In eiskaltem Wasser abschrecken. Wenn sie abgekühlt sind, vorsichtig pellen, weil sie noch weich sind.
Die Vinaigrette in einer kleinen Schüssel mischen und in der Pfanne erhitzen, in der Sie die Pancetta gebraten haben. Mit dem Spinat und Pancetta vermengen und auf 4 Teller verteilen. Die Eier halbieren und auf den Spinat legen. Schwarzen Pfeffer aus der Mühle darübermahlen, mit Toast oder geröstetem Brot garnieren und sofort servieren.

Für 4 Personen

Würziges Blattgemüse mit Sesam-Vinaigrette

Es mag seltsam erscheinen, kräftige Blattgemüse wie Senfkohl und Kresse mit zarten Blattsalaten zu mischen. Mit einer kräftig gewürzten Vinaigrette gehen diese Blattgemüse jedoch eine aromatische, schmackhafte und farbenfrohe Verbindung ein. Als Faustregel sollten Sie beachten, daß Sie nur junge Blattgemüse mit kleinen Blättern verwenden, ältere Blätter könnten unangenehm zäh und bitter sein.

4 große Handvoll würzige Blattgemüse (z.B. junger Senfkohl, junger Mangold, Kresse, Gartenkresse, junger Spinat)
2 Möhren
1 großes Bund Radieschen
4 ganze Frühlingszwiebeln

Vinaigrette:
5 EL Erdnußöl
1 EL dunkles Sesamöl
4 TL Sojasauce
4 TL Reisweinessig
6 TL Zitronensaft
1 ½ TL Senf

Die Blattgemüse waschen und trockenschleudern. Möhren schälen und raffeln oder reiben. Die Radieschen waschen, putzen und in dünne Scheiben schneiden. Die Frühlingszwiebeln säubern und schräg in feine Scheiben schneiden. Das Blattgemüse und das vorbereitete Gemüse in einer großen Salatschüssel anrichten. Die Zutaten für die Vinaigrette in einer mittleren Schüssel mischen, den Salat darin leicht wenden.

Für 4 Personen

Wintersalat mit Birnen, Walnüssen und Gorgonzola-Toast

Im Winter sind die bitteren Salate der Endivien-Familie sehr viel gesünder als die feinen Blattsalate, die, wenn im Treibhaus gezogen, sehr viel Nitrat enthalten. Die robusteren, herben Salate hingegen kommen zum großen Teil aus dem Freiland und sind entsprechend weniger belastet.

4 große Handvoll Wintersalate (z.B. Frisée, Radicchio, Chicoree, Endivienherzen und junger Löwenzahn)
75 g Walnußkerne
4 Scheiben Weizen- oder Weißbrot
4 TL Olivenöl
75 g Gorgonzola, Blue Castello oder anderer cremiger Blauschimmelkäse
Frisch gemahlener schwarzer Pfeffer
2 große Birnen

Vinaigrette:
4 EL Olivenöl
1 ½ EL Walnußöl
1 ½ EL Sherryessig
1 EL fein gehackte Schalotten
¼ TL Salz

Die Salate waschen und trockenschleudern. Den Backofen auf 200 Grad C vorheizen. Die Walnüsse auf ein Backblech legen und 5 Minuten im Ofen rösten, dann grob hacken. Die Brotscheiben mit Öl bestreichen und im Backofen rösten, bis sie gerade knusprig sind, etwa 5 bis 7 Minuten. Wenn sie abgekühlt sind, mit dem Blauschimmelkäse bestreichen und schwarzen Pfeffer darübermahlen.

Die Birnen schälen, vierteln und in dünne Scheiben schneiden. Die Vinaigrette in einer kleinen Schüssel mischen und in einer Salatschüssel mit dem Salat, den Walnüssen und den Birnen vermengen. Den Salat auf Teller verteilen und mit den Gorgonzola-Toastscheiben servieren.

Für 4 Personen

Kopfsalat mit Mango und Avocado

Dieses Rezept ist von der pikanten südost-asiatischen Küche inspiriert. Die süße Mango und die cremige Avocado gehen mit dem süß-scharfen Dressing eine köstliche Verbindung ein. Nehmen Sie Mangos mit wenig faserigem Fleisch. Wenn Sie keine guten Mangos bekommen, ersetzen Sie sie durch reife Papayas.

1 großer Kopfsalat
1 große, reife Mango oder 2 kleine
1 große, reife Avocado oder 2 kleine

Dressing:
3 ½ EL frischer Limettensaft
2 Chilischoten (vorzugsweise eine rote und eine grüne), entkernt und fein gehackt
6 EL Öl
½ TL Salz
¼ Tasse frisch gehacktes Koriandergrün
Koriandergrün zum Garnieren

Kopfsalat putzen, waschen und trockenschleudern. Mango schälen, Fruchtfleisch in Scheiben vom Stein schneiden. Das restliche Fruchtfleisch vom Kern lösen, fein hacken (eine saftige Angelegenheit!) und zum Dressing geben. Die Avocado halbieren, den Stein herauslösen, das Fleisch mit Hilfe eines Löffels im Stück aus der Schale lösen. In Fächer schneiden und mit 1 EL Limettensaft einreiben.
In einer kleinen Schüssel das Dressing mischen. Die Salatblätter in der Hälfte des Dressings wenden und auf Salatteller verteilen. Die Mangoscheiben und Avocadofächer auf dem Salat arrangieren und das restliche Dressing gleichmäßig darübergießen. Nach Belieben mit Koriandergrün garnieren.

Links: Kopfsalat mit Mango und Avocado;
Mitte: Tomaten-Rauke-Salat (Rezept siehe Seite 55);
Rechts: Radicchiosalat mit Orangen, roten Zwiebeln und Fenchel (Rezept siehe Seite 54)

Radicchiosalat mit Orangen, roten Zwiebeln und Fenchel

Dieser Salat ist eine klassische Spezialität aus Nordafrika, von uns leicht abgewandelt. Durch den Fenchel erhält er noch eine italienische Note. Die Brunnenkresse und die rotblättrigen Salate bilden einen interessanten Geschmackskontrast.

1 großes Bund Brunnenkresse
3 große Handvoll rotblättrige Salate (z.B. Radicchio, Radicchio di Treviso, Eichblatt, Lollo Rosso)
4 große Navel-Orangen
½ Fenchelknolle
2 rote Zwiebeln, halbiert und in feine Streifen geschnitten
½ Tasse kleine ganze Oliven

Vinaigrette:
6 EL fruchtiges Olivenöl
4 TL Balsamico
4 TL Rotweinessig
½ TL Salz
frisch gemahlener schwarzer Pfeffer

Brunnenkresse und Salatblätter waschen und trockenschleudern. Holzige oder harte Stiele entfernen. Mit einem scharfen Messer die Endstücke der Orangen abschneiden. Aufrecht hinstellen und mit einem Orangenschäler Schale und Haut spiralförmig abziehen. Orangen der Länge nach halbieren, dann jede Hälfte in dünne Scheiben schneiden. Den Strunk des Fenchels entfernen und anschließend von oben nach unten in hauchdünne Scheiben hobeln.

Die Vinaigrette in einer mittelgroßen Schüssel mischen.
Die Orangenscheiben, Zwiebeln, Oliven und Fenchelstreifen auf einem Salatteller anrichten und mit der Hälfte der Vinaigrette überziehen. In einer Schüssel die Salatblätter mit der restlichen Vinaigrette vermengen und auf dem Salatteller anrichten.

Für 4 Personen

Tomaten-Rauke-Salat

Das süße Aroma der Tomate und der nussige Geschmack der Rauke gehen eine einmalige Verbindung ein, die von der mit einem fruchtigen Olivenöl hergestellten Vinaigrette vertieft wird. Richten Sie die Tomaten auf dem Teller an, und streuen Sie das Grün darüber, dann wird der Salat garantiert nicht so matschig wie in einer Salatschüssel, wenn alles gemischt wird.

4 große Handvoll Rauke
500 g Tomaten (am besten rote und gelbe Kirschtomaten)
2 EL Basilikumblätter, in feine Streifen geschnitten

Vinaigrette:
1 EL fein gehackte Schalotten
4 TL guter Rotweinessig
4 EL fruchtiges Olivenöl
1/4 TL Salz
Frisch gemahlener schwarzer Pfeffer

Rauke waschen und trockenschütteln, dickere Stiele entfernen. Tomaten je nach Größe in Scheiben schneiden oder halbieren und auf einer Servierplatte anrichten. Die Vinaigrette in einer kleinen Schüssel mischen und die Hälfte davon gleichmäßig über die Tomaten gießen. Die Tomaten mit dem Basilikum bestreuen. Rauke mit dem restlichen Dressing vermengen und über die Tomaten geben.

Für 4 Personen

Feldsalat mit Roter Bete und Himbeervinaigrette

Dies ist ein klassischer Wintersalat aus Frankreich. Statt der Walnüsse kann man auch hartgekochte und halbierte Wachteleier verwenden.

3 Rote-Bete-Knollen
2 EL Himbeeressig
1/4 TL Salz
100 g Walnußkerne
3 EL fruchtiges Olivenöl
1 EL Schalotten, fein gehackt
4 Handvoll Feldsalat

Den Backofen auf 175 Grad C vorheizen. Die Roten Bete waschen und mit 2 Tassen Wasser in eine Auflaufform legen. Mit Folie zugedeckt etwa 45 bis 60 Minuten backen, bis die Roten Bete weich sind. In kaltem Wasser abschrecken und schälen. In kleine Segmente schneiden und mit dem Himbeeressig und dem Salz in eine Schüssel legen. Eine Stunde durchziehen lassen. Die Walnüsse 5 Minuten im Ofen rösten, dann grob hacken. In einer kleinen Schüssel eine Vinaigrette bereiten aus 1 EL von der Marinade der Roten Bete, dem Öl und den Schalotten. Nach Geschmack mit Salz würzen. Den Feldsalat waschen, trocknen, verlesen, mit der Vinaigrette vermengen und auf einem Teller anrichten. Die abgetropften Roten Bete auf den Salat legen und mit Walnüssen bestreuen.

Für 4 Personen

Rahmspinat

Diese Variante des Rahmspinats unterscheidet sich von der bei uns gebräuchlichen durch die üppige Würzung mit frischen Kräutern. Man kann ihn als Beilage servieren, aber auch als Sauce für Fischfilet.

750 g Blattspinat
2 EL Butter
1 EL fein gehackte Schalotten
1 EL fein gehackter frischer Schnittlauch
1 EL fein gehackter frischer Estragon
1/4 TL Salz
1/4 l Schlagsahne

Spinat putzen, waschen und trocknen und die Stiele entfernen. Den Spinat bei mittlerer Hitze ohne Wasser zugedeckt in einem großen Topf dünsten, bis er zusammenfällt. Abtropfen und abkühlen lassen, dann grob hacken. Wenn Sie den Rahmspinat als Grundlage für eine Sauce verwenden, dann sollten Sie ihn fein hacken. Als Beilage kann er ruhig gröber gehackt werden. Spinat wieder in den Topf geben und in der Butter mit den Schalotten und Kräutern dünsten. Salzen. In einem kleinen Topf die Sahne zum Kochen bringen und um etwa 1/4 reduzieren. Zum Spinat geben und etwa weitere 5 Minuten garen, bis eine cremige Konsistenz entstanden ist. Nach Geschmack salzen.

Für 4 Personen

Gegrillter Radicchio mit Bagna Cauda

Bagna Cauda ist italienisch und heißt ›warmes Bad‹. In unserem Rezept bedeutet das mit Knoblauch, Zitrone und Sardellen angewärmtes Olivenöl. Dieses aromatische Öl unterstreicht auf wunderbare Weise den rauchigen, leicht bitteren Geschmack des gegrillten Radicchios.

1 großer Radicchio
2 EL Olivenöl
2 EL Balsamico
1/2 TL Salz

Bagna Cauda:
1/4 Tasse kaltgepreßtes Olivenöl
1/2 Knoblauchzehe, in dünnen Scheiben
1 TL abgeriebene Zitronenschale
2 Sardellenfilets, fein gehackt
1/4 Tasse frisch gehackte Petersilie

Die äußeren Blätter des Radicchios abtrennen und den Salatkopf in Segmente, nicht dicker als 5 cm, schneiden. Jedes Segment sollte noch ein Stück vom Strunk enthalten, der es zusammenhält. Den Radicchio in Öl, Essig und Salz marinieren und vor dem Grillen mindestens 15 Minuten durchziehen lassen.
Bagna Cauda zubereiten: Alle Zutaten in eine kleine Pfanne geben und bei geringer Hitze unter ständigem Rühren vorsichtig erwärmen. Den Radicchio unter dem vorgeheizten Grill 8 bis 10 Minuten grillen, bis er weich und gar ist. Einen Löffel voll Bagna Cauda über jedes Segment geben und mit Petersilie bestreuen.
Dazu passen Oliven.

Für 4 Personen

Gegrillter Radicchio mit Bagna Cauda

Blattgemüse auf italienische Art

In der italienischen Küche wird oft als Beilage ein leichtes Gemüsegericht serviert, das fast immer nach demselben Grundrezept hergestellt wird: Man gart das Gemüse mit Knoblauch in Olivenöl und würzt es dann mit frisch gepreßtem Zitronensaft. Varianten dazu: geröstete Pinienkerne oder Rosinen dazugeben oder geröstete Brotkrümel darüberstreuen (wie im Rezept auf Seite 91).

Mangold mit Rosinen und Pinienkernen

50 g Rosinen oder Korinthen
1 Bund Mangold (etwa 1 kg)
2 EL Butter
2 EL Olivenöl
1 Knoblauchzehe, durchgepreßt
1/2 TL Salz
*75 g Pinienkerne, geröstet**

Die Rosinen 15 Minuten in Wasser einweichen, abtropfen lassen. Mangold waschen und abtropfen lassen, Stiele entfernen und anderweitig verwenden. Blätter übereinanderlegen und quer in Streifen schneiden.
In einem großen Topf Butter und Öl erhitzen, Knoblauch dazugeben und salzen. Den Mangold bei mittlerer bis großer Hitze etwa 5 Minuten garen, bis er weich ist. Rosinen dazugeben und Pinienkerne darunterrühren. Nach Geschmack salzen.

Für 4 Personen

*) Den Backofen auf 175 Grad C vorheizen. Die Pinienkerne in einer kleinen feuerfesten Form 5 Minuten im Ofen rösten.

Spinat mit Knoblauch und Zitrone

500 g Blattspinat, gewaschen und abgetropft
4 Sardellenfilets, zerdrückt (nach Belieben)
2 EL Olivenöl oder Butter
4 Knoblauchzehen, durchgepreßt
1/2 TL Salz
1 bis 2 EL fruchtiges, kaltgepreßtes Olivenöl
1 bis 2 TL Zitronensaft

Den Spinat putzen und die Stiele entfernen. Wenn Sie Sardellen verwenden, mit Wasser abspülen, trockentupfen und fein hacken. In einem großen Topf das Olivenöl erhitzen, Knoblauch (und eventuell Sardellen) dazugeben und ein paar Sekunden umrühren. Den Spinat und das Salz dazugeben und bei mittlerer Hitze 3 bis 5 Minuten dünsten, bis er zusammenfällt. Von der Kochstelle nehmen, das fruchtige Olivenöl darunterrühren und nach Geschmack salzen. (Achtung, die Sardellen sind gewöhnlich sehr salzig!) Kurz vor dem Servieren den Zitronensaft hineinrühren.

Für 4 Personen

Mangold mit Rosinen und Pinienkernen

Blattgemüse auf asiatische Art

In der asiatischen Küche wird Blattgemüse oft zusammen mit anderen Gemüsen im Wok bei starker Hitze unter ständigem Rühren gegart. Das ergibt eine besonders kurze Garzeit. Wichtig für das Garen im Wok: Alle Zutaten müssen fertig geschnitten griffbereit sein, denn während des Garens im Wok hat man keine Zeit für andere Tätigkeiten. Beide Varianten passen zu asiatisch zubereitetem Fisch, Fleisch oder Geflügel.

I.

4 Bund Brunnenkresse
2 EL Öl
1 EL Ingwer, fein gehackt
1 kleine Chilischote, entkernt und fein gehackt
1 Knoblauchzehe, duchgepreßt
1/2 TL Salz

Kresse waschen, trockenschleudern und die Stiele entfernen. Grob hacken. Öl in einem Wok sehr heiß werden lassen und Ingwer, Chili, Knoblauch und Salz zugeben. 15 Sekunden erhitzen, dann die Kresse zugeben. Unter ständigem Wenden 2 bis 3 Minuten erhitzen, bis die Kresse zusammengefallen ist. Zudecken und eine weitere Minute garen. Das Grün sollte noch leuchten und nicht zu weich sein. Heiß oder lauwarm servieren.

Für 4 Personen

II.

500 g Pak-choi (chinesischer Senfkohl)
125 g Shiitake-Pilze
1/4 TL Salz
4 Knoblauchzehen, durchgepreßt
1 El Ingwer, fein gehackt
2 EL Öl
1 TL dunkles Sesamöl
1–2 EL Sojasauce
2 TL Reisessig
1/2 TL Speisestärke

Den Strunk von dem Senfkohl abschneiden und die Blätter voneinander lösen. Waschen, abtropfen lassen und in Streifen schneiden. Stiele der Pilze abdrehen, Köpfe in Streifen schneiden.
Pilze in einem Wok unter Rühren in den beiden Ölsorten braten, bis sie keinen Saft mehr abgeben. Knoblauch und Ingwer zugeben und 1 Minute weiterbraten. Pak-choi zugeben und unter Rühren braten, bis er weich ist.
Sojasauce mit Essig und Speisestärke verrühren. In die Pfanne geben, einmal aufkochen lassen, bis alles schön glänzend ist.

Für 4 Personen

Kartoffel-Löwenzahn-Gratin

Eine leichte und würzige Variante des klassischen Kartoffelgratins, die als Beilage ebenso geeignet ist wie als Vorspeise.

500 g Kartoffeln
500 g Löwenzahn
1 El Olivenöl
2 El Butter
2 Knoblauchzehen, zerdrückt
Salz
1 Knoblauchzehe, gepellt
1 Becher Crème double
1/8 l Schlagsahne

Die Kartoffeln schälen und in dünne Scheiben schneiden. Sofort in kaltes Wasser legen, damit sie nicht braun werden. Löwenzahn waschen, trocknen und die Stiele abschneiden. Blätter in Streifen schneiden und anschließend in kochendem Wasser blanchieren – junge Blätter etwa 30 Sekunden, ältere einige Minuten länger. Abgießen und abschrecken, abtropfen lassen. Gut ausdrücken und in dem Öl, 1 EL Butter und dem durchgepreßten Knoblauch bei mittlerer Hitze andünsten.
Backofen auf 175 Grad C vorheizen. Eine Gratinform mit der restlichen Knoblauchzehe ausreiben und mit der restlichen Butter einfetten. Crème double und Sahne in einem Topf mit Salz erhitzen, aber nicht kochen. Eine Schicht abgetropfte Kartoffelscheiben in eine Gratinform geben, darauf den Löwenzahn, darauf eine weitere Schicht Kartoffeln. Sahne darübergießen. Sie sollte die Kartoffeln knapp bedekken. Im Backofen etwa 1 Stunde backen, bis die Oberfläche goldbraun und die Sahne eingekocht ist.

Für 4 bis 6 Personen

HAUPTGERICHTE

Blattgemüse sind auch aus Hauptgerichten nicht wegzudenken. Besonders Körner, Nudeln und Reis schmecken hervorragend, wenn man sie mit Blättern mischt.

In den meisten Gerichten werden die Blätter vor der Verwendung blanchiert oder geschmort, damit sie ihr volles Aroma entfalten. Gart man sie aber im Backofen, wie es zum Beispiel bei den klassischen Chicoreegerichten aus Belgien üblich ist, braucht man sie nicht vorzugaren. In jedem Fall gilt: Die gegarten Blattgemüse werden weich und mild, verlieren viel von ihrer Derbheit.

Obwohl Blattgemüse an sich wenige Kalorien haben, sind nicht alle hier aufgeführten Hauptgerichte kalorienarm. Das liegt daran, daß zu diesen Gerichten cremige Saucen oder milde Eiersahne mit oder ohne Käse besonders gut passen, und die haben nun mal allerlei Kalorien ...

Sauerampfer-Quiche

Diese Quiche in guter französischer Tradition ist deshalb so ungewöhnlich, weil ihr der Sauerampfer eine besondere frische Würze gibt.

Für den Teig:
150 g Mehl
1/2 TL Salz
4 EL kalte Butter in kleinen Stücken
1 1/2 EL Margarine
2 1/2 bis 3 EL Eiswasser

Teigboden zubereiten: Mehl und Salz in einer mittelgroßen Schüssel mischen. Butter und Margarine dazugeben und mit den Händen kneten, bis der Teig grobkrümelig ist. 2 1/2 EL Eiswasser dazugießen und den Teig zu einer Kugel kneten. Eventuell das restliche Wasser dazugeben, wenn der Teig nicht zusammenhält. In eine Klarsichtfolie einschlagen und mindestens 30 Minuten im Kühlschrank ruhen lassen.
Den Backofen auf 225 Grad C vorheizen. Auf einer bemehlten Unterlage den Teig etwa 3 mm dick ausrollen. Eine gefettete Backform oder Springform damit auslegen und einen Rand formen. Wenn Sie Zeit genug haben, stellen Sie den Teig etwa 30 Minuten, bzw. bis er fest ist, ins Kühlfach. Den Teigboden mit Pergamentpapier abdecken und mit getrockneten Erbsen oder Linsen beschweren. Den Teigboden 10 Minuten blind backen. Dann das Papier und die Erbsen entfernen und weitere 4 bis 5 Minuten backen, bis der Rand braun wird.

Für den Belag:
2 kleine oder 1 großes Bund Sauerampfer
1 große oder 2 kleine Porreestangen fein gehackt
3 EL Butter
125 g braune oder weiße Champignons, blättrig geschnitten
1/2 TL Salz
1 TL fein gehackter frischer Thymian
3 große Eier
1/4 l Schlagsahne
50 g geriebener Greyerzer Käse
1/8 TL frisch gemahlener schwarzer Pfeffer

Quiche zubereiten: Den Backofen auf 190 Grad C vorheizen. Sauerampfer waschen und trocknen. Die Stiele entfernen, die Blätter in feine Streifen schneiden. In einem großen Topf den Porree bei niedriger Hitze in der Butter andünsten. Wenn er weich ist, Pilze, Salz und Thymian dazugeben. Wenn die Pilze Flüssigkeit abgesondert und wieder absorbiert haben, den Sauerampfer dazugeben und umrühren, bis die Blätter zusammenfallen und eine graugrüne Farbe annehmen. Mischung abkühlen lassen. In einer mittelgroßen Schüssel die Eier verschlagen, die Sahne und den Käse hineinrühren. Das gedünstete Gemüse dazugeben und abschmecken. Anschließend auf den vorgebackenen Teigboden geben. 35 bis 40 Minuten im Ofen backen, bzw. bis die Eiermasse stockt und knusprig goldbraun ist. Die Quiche 20 bis 30 Minuten abkühlen und ruhen lassen, warm servieren.

Für 4 bis 8 Personen

Grüne Fettuccine mit Spinat und Ziegenkäse

Dieses Nudelgericht, Grün auf Grün, ist nicht so schwierig zuzubereiten, wie es zunächst scheint. Am schwierigsten daran ist, die Pasta selber herzustellen. Natürlich können Sie auch fertig gekaufte grüne Nudeln nehmen, aber dann sollten Sie etwas von der Kochflüssigkeit unter die Sauce rühren.

340 g hausgemachte frische Spinatfettuccine (Rezept untenstehend) oder 250 g fertig gekaufte

Für den Teig:
200 g Blattspinat, gewaschen, getrocknet, Stiele entfernt
1 Ei, verschlagen
Salz
225–250 g Mehl

Pasta zubereiten: den Spinat so glatt wie möglich mit dem Schneidestab der Küchenmaschine pürieren und das geschlagene Ei und Salz dazugeben. 225 g von dem Mehl in eine mittelgroße Schüssel sieben und in die Mitte eine Mulde drücken. Die Spinatmischung in die Mulde geben und mit dem Mehl vermengen. Wenn der Teig zu weich ist, geben Sie noch etwas Mehl dazu. Den Teig auf eine leicht bemehlte Unterlage geben und 10 bis 15 Minuten kneten. In Klarsichtfolie einschlagen und 30 Minuten ruhen lassen.
Den Teig zu einem Rechteck ausrollen und mehrmals durch die Nudelmaschine drehen, wobei der Walzenabstand immer wieder um ein bis zwei Stufen verringert wird. Wenn die gewünschte Nudelstärke erreicht ist, den Teig in 25 cm langen Bahnen abschneiden. Den Teig immer wieder mit Mehl bestäuben, bevor man ihn in die Maschine gibt. Mit der Schnittwalze dann Bandnudeln schneiden. Die Bandnudeln wieder mit Mehl einstäuben, damit sie nicht zusammenkleben.

Ergibt etwa 340 g

Für die Sauce:
750 g Blattspinat
¼ l Crème double oder Crème fraîche
125 g weicher Ziegenfrischkäse
1 TL abgeriebene Zitronenschale
½ TL Salz
2 Knoblauchzehen, durchgepreßt
2 EL Butter
¼ Tasse geröstete Pinienkerne

Spinat waschen und abtropfen lassen, die Stiele entfernen. Grob hacken. Einen großen Topf mit Salzwasser für die Nudeln zum Kochen bringen. In einem kleinen Topf bei mäßiger Hitze die Sahne erhitzen, leicht kochen lassen und um etwa ¼ reduzieren. Den Ziegenkäse in die Sahne rühren, bis er glatt ist. Die abgeriebene Zitronenschale und Salz dazugeben. Von der Kochstelle nehmen. Wenn Sie getrocknete Pasta verwenden, in sprudelndem Wasser bißfest kochen, etwa 8 Minuten.
In einem großen Topf den Knoblauch bei mäßiger Hitze 1 Minute in der Butter andünsten. Spinat dazugeben und bei mittlerer Hitze 3 bis 5 Minuten garen. Wenn Sie frische Pasta verwenden, 2 bis 5 Minuten garen, je nach Feuchtigkeitsgehalt. Sahne zum Spinat geben, umrühren und abschmecken. Sobald die Pasta fertig ist, abgießen und abtropfen lassen (ein wenig von dem Kochwasser aufheben, falls die Sauce verdünnt werden muß). Die Pasta unter die Spinatmischung geben, die Pinienkerne unterheben und vorsichtig mischen. Sofort servieren.

Für 4 Personen

Frische Pasta mit Mangold und Pancetta

Die verschiedenen Elemente dieses Gerichts gehen eine faszinierende Verbindung ein. Man kann ersatzweise auch anderes Blattgemüse verwenden, z.B. Rote-Bete-Blätter, grünen Mangold, Senfkohl, Rübengrün oder eine Kombination von allem.

350 g frische hausgemachte Pasta, vorzugsweise Fettuccine (Rezept untenstehend), oder 250 g fertig gekaufte

Für den Teig:
150 g Mehl
1/4 TL Salz
1 Ei
1 TL Olivenöl
Etwa 4 TL Wasser

Pasta zubereiten: Das Mehl mit dem Salz in eine große Schüssel sieben. Eine Mulde hineindrücken. Das Ei mit dem Olivenöl verschlagen und zum Mehl geben. Das Mehl vom Rand her nach und nach zu den Eiern geben und vermengen. Wenn der Teig zu weich ist, mehr Mehl dazugeben. Den Teig auf eine leicht bemehlte Arbeitsfläche legen und 10 bis 15 Minuten kneten. In Klarsichtfolie eingeschlagen den Teig 30 Minuten ruhen lassen.
Den Teig zum Rechteck ausrollen und mehrmals durch die Nudelmaschine drehen, wobei der Walzenabstand immer wieder um ein bis zwei Stufen verringert wird. Wenn die gewünschte Nudelstärke erreicht ist, den Teig in 25 cm langen Bahnen abschneiden. Den Teig immer wieder mit Mehl bestäuben, bevor er durch die Maschine gedreht wird. Die Teigbahnen mit Mehl bestäuben und durch die Schnittwalze drehen. Die Bandnudeln mit Mehl bestäuben, damit sie nicht zusammenkleben.

Ergibt etwa 350 g.

Sauce: Mangold waschen und abtropfen lassen, die Stiele entfernen und anderweitig verwenden. Die Blätter übereinanderlegen und in Streifen schneiden. Salzwasser für die Nudeln in einem großen Topf zum Kochen bringen.
In einer kleinen Pfanne bei mittlerer Hitze die Semmelbrösel in 2 EL Öl mit Salz bräunen. Zur Seite stellen.
In einer großen Pfanne den Pancetta bei mittlerer Hitze in 1 TL Olivenöl braten, bis er knusprig und goldbraun ist. Zum Abtropfen auf Küchenkrepp legen und die Pfanne auswischen. In derselben Pfanne das restliche Olivenöl erhitzen und die Zwiebel dazugeben. Sobald die Zwiebel glasig wird, Salz, Knoblauch und Chilipulver dazugeben und weitere 2 bis 3 Minuten garen. Die Mangoldblätter kurz in dem kochenden Salzwasser blanchieren. Gut abtropfen lassen und zu der Zwiebel geben. Von der Kochstelle nehmen und mit dem Essig und Salz abschmecken. Die Nudeln unter gelegentlichem Umrühren bißfest kochen, abgießen, abtropfen lassen und unter das Gemüse heben. Mit den gebräunten Semmelbröseln bestreut servieren. *Für 4 Personen*

Für die Sauce:
2 Bund rotstieliger Mangold (ersatzweise grüner)
1 Tasse frische Semmelbrösel
1 EL reines Olivenöl
Salz
180 g Pancetta (8 bis 10 Scheiben), in Streifen geschnitten
6 EL Olivenöl
1 große rote Zwiebel, in dünne Scheiben geschnitten
1 TL Salz
2 Knoblauchzehen, durchgepreßt
1 Prise Chilipulver
2 EL Rotweinessig

Endivien-Pizza

In Süditalien nimmt man Endivien gern zum Füllen von Pasteten und Gemüsekuchen, wobei er dann reichlich mit Rosinen, Kapern, Oliven, Chili und Sardellen gewürzt wird. Bei diesem Rezept wird die Endivie als Belag für eine ungewöhnliche, aber köstliche Pizza verwendet. Wenn der Käse unter dem Escarol liegt, schmilzt er sanft, ohne anzubrennen.

Für den Teig:
150 ml lauwarmes Wasser
2 TL Trockenhefe
300 g Weizenmehl
1 EL Milch
2 EL Olivenöl
1/2 TL Salz

In einer großen Schüssel etwas Wasser mit Hefe, 40 g Mehl und Milch mischen. 20 bis 30 Minuten an einem warmen Ort gehen lassen, dann Salz und restliches Mehl zugeben. Den Teig vermengen, auf eine bemehlte Unterlage geben und 10 bis 15 Minuten kneten. Den Teig in eine eingeölte Schüssel legen, die Oberfläche mit Öl bestreichen und mit einem Küchenhandtuch zudecken. An einen warmen Ort stellen und etwa 2 Stunden gehen lassen, bis er die doppelte Größe hat. Mit dem Handballen flachdrücken und anschließend wieder etwa 40 Minuten gehen lassen. Den Teig ausrollen und mit den Händen eine Scheibe von 30 cm Durchmesser formen.

Ergibt 1 Pizzaboden

Für den Belag:
1 kleine Endivie
1/2 Zwiebel, in dünne Scheiben geschnitten
2 EL Olivenöl
3 Knoblauchzehen, durchgepreßt
1/2 TL Salz
1 TL Rotweinessig
1/4 Tasse entsteinte schwarze Oliven
1/2 Tasse kleingeschnittenen Mozzarella
1/2 Tasse Fontina-Käse, gerieben
8 Sardellenfilets (nach Belieben)
1 EL fruchtiges Olivenöl

Den Backofen auf 225 Grad C vorheizen. Den Strunk der Endivie entfernen. Blätter waschen und abtrocknen. Die Blätter in Stücke schneiden. In einer großen Pfanne bei mittlerer Hitze die Zwiebel in dem Öl glasig dünsten. Knoblauch, Endivie und Salz dazugeben. Endivie garen, bis sie zusammenfällt, dann von der Kochstelle nehmen. Den Essig und die schwarzen Oliven hineinrühren. Beide Käse auf den Pizzaboden streuen und die Endivienmischung daraufgeben und gleichmäßig verteilen. Nach Wunsch die Sardellenfilets speichenartig darauflegen. 15 Minuten im Ofen backen. Den Pizzateigrand mit dem restlichen Öl bestreichen.

Für 4 bis 6 Personen

Spinat-Gnocchi

Duftig und leicht in Beschaffenheit und Geschmack, sind Spinat-Gnocchi einfach unwiderstehlich. Mit Antipasti oder einem Salat serviert, bilden sie eine kleine Mahlzeit für sich, sie sind aber auch leicht genug für eine Vorspeise. Die Zubereitung der Gnocchi erfordert ein wenig Geduld, ist aber nicht sehr schwer.

375 g Ricotta
1 kg Spinat, gewaschen, abgetropft, die Stiele entfernt
2 Eier
3 EL geriebener Parmesan
1 Prise frisch gemahlener Muskat
3 EL Mehl
1 TL Salz
75 g Mehl
4 EL Butter
4 dünne Scheiben Zitronen, geviertelt
1 TL Zitronensaft

Ricotta in ein Küchentuch geben und kräftig auswringen. Den Spinat waschen und 12 hübsche große Spinatblätter beiseite legen. Den restlichen Spinat tropfnaß zugedeckt in einem großen Topf bei mittlerer Hitze ohne Flüssigkeit garen, bis er zusammengefallen ist. Abgießen, abkühlen lassen, gut ausdrücken und fein hacken.

In einer großen Schüssel den ausgedrückten Ricotta mit den Eiern vermengen, bis die Mischung duftig und geschmeidig ist. Parmesan und Muskat dazugeben. Das Mehl sieben und gerade so viel in die Mischung einstreuen, daß es aufgenommen wird. Der Teig sollte nicht zu heftig bearbeitet werden. Spinat dazugeben und leicht vermengen.

Den Teig mit einem Teelöffel abstechen, mit dem Finger abstreifen, um kleine, eiförmige Klöße zu formen. Gnocchi leicht in Mehl wälzen, überschüssiges Mehl abstreifen. Gnocchi auf einer großen Platte 20 Minuten in den Kühlschrank stellen.

Wasser (ohne Salz!) in einem großen Topf zum Kochen bringen. Die Butter bei geringer Hitze in einer großen Pfanne zerlassen, die Zitronenviertel und den Zitronensaft dazugeben. Die Hälfte der Gnocchi im kochenden Wasser gar ziehen lassen, bis sie an der Oberfläche schwimmen, etwa 7 Minuten. Mit einem Schaumlöffel herausnehmen, abtropfen lassen und vorsichtig in der zerlassenen Zitronenbutter wälzen. Mit der zweiten Portion ebenso verfahren.

Wenn die Gnocchi fertig sind, die 12 Spinatblätter in dem Kochwasser 30 Sekunden blanchieren und abtropfen lassen. Die Blätter zu den Gnocchi in die Zitronenbutter legen und alles auf vorgewärmten Tellern servieren.

Für 4 Personen

Cannelloni mit Broccoligrün und Senfkohl

1 l Tomatensauce (Rezept untenstehend)

Tomatensauce:
1,5 kg reife Fleischtomaten, gehackt
1 Zwiebel, gewürfelt
2 Knoblauchzehen, durchgepreßt
2 EL Olivenöl
1 TL Salz

Füllung:
250 g Broccoligrün, gewaschen und abgetrocknet
1 Bund Senfkohl, gewaschen und abgetropft (ersatzweise kann man eine Mischung aus Endivie und Rauke verwenden)
250 g würzige italienische Wurst
4 EL Olivenöl
4 Zwiebeln, gewürfelt
4 Knoblauchzehen, durchgepreßt
1 Prise Chilipulver (nach Belieben)
1 TL Salz
500 g Ricotta
100 g geriebener Parmesan
2 kleingeschnittene Mozzarella
Salz und frisch gemahlener schwarzer Pfeffer
1 Packung Cannelloni-Hüllen, vorgegart (14 Stück)

In einem großen Topf die Zutaten für die Tomatensauce 40 Minuten köcheln lassen und anschließend mit dem Schneidestab der Küchenmaschine pürieren.

Die harten Stiele des Gemüses entfernen, Gemüse dann fein hacken. Die Pelle von der Wurst abziehen und die Wurst in einer großen Pfanne bei mittlerer Hitze in 1 EL von dem Olivenöl braten, bis sie gar ist und eine etwas krümelige Konsistenz hat. Abtropfen lassen und zur Seite stellen. Die Pfanne auswischen und die Zwiebel in dem restlichen Öl andünsten. Wenn sie glasig ist, den Knoblauch, Chili und Salz dazugeben. Von der Kochstelle nehmen. Broccoligrün einige Minuten blanchieren (noch länger, wenn es bitter ist), dann den Senfkohl 30 Sekunden blanchieren. Das Gemüse aus dem Wasser nehmen, gut abtropfen und zu den Zwiebeln geben. In einer großen Schüssel die abgekühlte Gemüsemischung mit der kleingeschnittenen Wurst, dem Ricotta und je ¾ des Parmesans und Mozzarellas mischen. Gut verrühren und mit Salz und Pfeffer abschmecken.

Den Backofen auf 175 Grad C vorheizen. Die Cannelloni mit der Gemüsemischung füllen und nebeneinander in einer Lage in eine eingefettete Auflaufform setzen. Die Tomatensauce darübergießen und zugedeckt 45 Minuten backen. Deckel abnehmen, mit dem restlichen Parmesan und Mozzarella bestreuen und weitere 10 bis 15 Minuten backen, bis der Käse geschmolzen ist.

Für 4 bis 6 Personen

Gemüse-Risotto

Ein Risotto wie dieser ist gut geeignet, uns die Vorzüge von gegartem Radicchio entdecken zu lassen. Beim Kochen verliert der Radicchio sein klassisches Dunkelrot und färbt sich eher braun-rot. Er entwickelt einen volleren Geschmack und wird weniger bitter. Die Italiener lieben die Zusammenstellung von Artischockenherzen und bitteren Wintersalaten, roh oder geschmort, ganz besonders.

1 großer Radicchio
1/2 Kopf krause Endivie
4 große Artischocken
1 Zitrone, halbiert
6 EL Butter
2 EL Olivenöl
4 Knoblauchzehen, durchgepreßt
2 TL Salz
1 große Zwiebel, fein gehackt
1 Tasse Risotto-Reis
6 Tassen Hühnerbrühe, vorzugsweise frisch (Rezept siehe Seite 35)
75 g frisch geriebener Parmesan
1 Bund fein gewiegte frische Petersilie

Welke und unansehnliche Blätter aus dem Radicchio entfernen. In Viertel schneiden, den Strunk herausschneiden und jedes Viertel quer in Streifen schneiden. Die krausen Endivienblätter vom Strunk zupfen, waschen, trockenschütteln und grob hacken. Die äußeren Blätter von der Artischocke entfernen und die oberen zwei Drittel der Artischocke abschneiden. Die Artischockenböden von oben nach unten halbieren und mit einem Löffel das Heu herausheben. Sofort die Böden mit Zitrone einreiben, in 3 mm dicke Scheiben schneiden und in Wasser legen. Wasser mit Zitronensaft säuern.

In einem großen Topf bei mittlerer Hitze 2 EL der Butter und das Olivenöl erhitzen. Artischockenherzen dazugeben und 5 Minuten garen. Knoblauch, Radicchio, Endivie und 1 TL Salz dazugeben und unter häufigem Rühren etwa 7 Minuten weiterkochen, bzw. bis das Gemüse zusammengefallen und weich ist. Den Topf von der Kochstelle nehmen.

In einem anderen Topf die Zwiebel mit der restlichen Butter bei mittlerer Hitze anbraten. Unterdessen die Hühnerbrühe in einem mittelgroßen Topf erhitzen und leise köcheln lassen. Den Reis und das restliche Salz an die Zwiebel geben und gut umrühren. Ein Drittel der Brühe mit dem Schöpflöffel an den Reis geben und ohne Deckel kochen, bis die Flüssigkeit aufgesogen ist. Wieder ein Drittel der Brühe an den Reis geben und unter Rühren weiterkochen, bis auch diese Flüssigkeit eingekocht ist. Radicchio, Endivie, Artischockenmischung und die restliche Brühe dazugeben. Unter ständigem Rühren weiterkochen, bis der Reis gar ist. Zu dem Zeitpunkt sollte der Risotto geschmeidig und feucht sein. Die Hälfte des Parmesans dazugeben. Mit Salz abschmecken.

In vorgewärmten flachen Suppentellern oder Tellern mit einem hohen Rand servieren. Mit Petersilie bestreuen, den restlichen Parmesan getrennt dazu reichen.

Für 4 Personen

Überbackener Chicoree

So serviert man in Belgien, dem Heimatland des Chicorees, dieses Gemüse am liebsten. Durch das Garen wird der Chicoree sanft und seidig, und seine Bitterkeit tritt mehr in den Hintergrund.

3 EL Butter
6 große Chicoreeknollen
100 g gekochter Schinken, in Streifen geschnitten
½ TL Salz
frisch gemahlener schwarzer Pfeffer
1 Becher Crème double
¾ Tasse Hühnerbrühe
75 g Semmelbrösel
75 g geriebener Greyerzer Käse
2 EL gewiegte Petersilie
1 Zitrone, in Schnitzen

Den Backofen auf 190 Grad C vorheizen. Eine Backform mit 1 EL der Butter einfetten. Chicoree der Länge nach halbieren, den bitteren Kern keilförmig herauslösen und die Knollen mit der Schnittseite nach unten nebeneinander in die Backform legen. Verwenden Sie eine rechteckige (22 × 30 cm) oder eine ovale Backform ähnlicher Größe. Den Schinken zwischen die Chicoreehälften schichten. Mit Salz und Pfeffer bestreuen.

In einer kleinen Schüssel Sahne und Brühe miteinander verrühren und über den Chicoree gießen. In einer großen Pfanne die restliche Butter zerlassen, Semmelbrösel, Käse und Petersilie hineinrühren. Diese Mischung auf dem Gratin verstreichen. 50 bis 60 Minuten backen, bzw. bis der Großteil der Flüssigkeit absorbiert ist und sich eine goldene Kruste gebildet hat. Heiß, mit Zitronenschnitzen garniert, servieren.

Für 4 bis 6 Personen

Überbackene weiße Bohnen mit Wintergemüse

Ein herzerwärmendes Wintergericht, das ohne weiteres mit Speckwürfeln oder gekochtem Schinken noch etwas nahrhafter gemacht werden kann. Dazu paßt ein herzhafter Salat aus Wintergrün.

1 Tasse weiße Bohnen (Cannellini oder ähnliches)
1 Lorbeerblatt
1 Stengel Thymian
1 TL Salz
1 großes Bund Wintergemüse (Senfkohl, Mangold, Rübengrün, Endivie oder eine Kombination von allem)
2 EL Olivenöl
2 Knoblauchzehen, durchgepreßt
4 Tomaten, abgezogen, entkernt und gehackt
1/2 TL Salz
1/8 l Hühnerbrühe

Kruste:
1 Tasse frische Semmelbrösel
4 EL reines Olivenöl
1/8 TL Salz

Weiße Bohnen in 4 Tassen kaltem Wasser mindestens 8 Stunden oder über Nacht einweichen. Abgießen und mit 3 Tassen frischem Wasser, Lorbeerblatt und Thymian in einem mittelgroßen Topf zum Kochen bringen. 45 Minuten köcheln lassen, dann das Salz dazugeben. Weitere 15 bis 20 Minuten kochen, bzw. bis die Bohnen weich sind, aber nicht zerfallen. Im Topf sollte nicht mehr als 1/2 Tasse Flüssigkeit übrig sein. Lorbeerblatt und Thymianzweig entfernen.
Den Backofen auf 175 Grad C vorheizen. Strunk und harte Stengel von dem Blattgemüse entfernen, Blätter waschen und abtrocknen. Aufeinanderlegen und quer in Streifen schneiden. Das Gemüse und den Knoblauch in Öl etwa 7 Minuten in einem großen Topf andünsten, bzw. bis es weich ist. Tomaten und Salz dazugeben. Die Bohnen und ihre Kochflüssigkeit unter das Gemüse mischen. Wenn die Mischung zu trocken erscheint, etwas Hühnerbrühe dazugeben. In eine eingefettete runde Gratinform von etwa 22 cm Durchmesser oder in eine 25 cm lange ovale Form geben.
Die Kruste zubereiten: Die Semmelbrösel mit den restlichen 4 EL Öl und 1/4 TL Salz mischen und gleichmäßig über die Bohnen verteilen. Im Ofen 40 bis 50 Minuten backen.

Für 4 Personen

Frittata mit Mangold und rotem Paprika

Frittata, die italienische Form des Eierkuchens, ist wunderbar vielseitig zu verwenden. Man kann sie warm zum Frühstück oder Mittagessen servieren, kalt mit zum Picknick nehmen und in Streifen zum Aperitif reichen. In unserem Rezept geben Brotkrumen die nötige Festigkeit und Käse die saftige Fülle dazu.

2 große rote Paprikaschoten
1 Bund Mangold
1 große Stange Porree, gehackt
2 EL Butter
1 EL Olivenöl
1 TL frisch gehackter Thymian
1 TL frisch gehackter Majoran
1 TL Salz
6 Eier
1/8 l Milch
30 g frische Semmelbrösel
75 g geriebener Fontina-Käse
50 g geriebener Parmesankäse
Frisch gemahlener schwarzer Pfeffer

Paprikaschoten vierteln, putzen, auf ein Backblech legen und unter dem Grill oder bei 250 Grad C backen, bis die Oberfläche schwarz wird und Blasen wirft. Abkühlen lassen, häuten und in Streifen schneiden. Den Backofen auf 175 Grad C vorheizen. Den Mangold waschen, die Stengel entfernen und anderweitig verwenden, Blätter trockentupfen und quer in Streifen schneiden. In einem großen Topf den Porree in Öl und Butter bei mäßiger Hitze andünsten, bis er weich ist. Mangold, Kräuter und Salz dazugeben und etwa 7 Minuten weiterdünsten, bis der Mangold gar ist. Von der Kochstelle nehmen, Paprika untermischen und abkühlen lassen.

In einer großen Schüssel die Eier mit der Milch verschlagen, Semmelbrösel und Käse hineinstreuen. Die Mangoldmischung darunterheben. Mit Salz und Pfeffer abschmecken. In einer eingefetteten runden Backform etwa 40 Minuten backen, bzw. bis die Mitte fest ist und die Kruste goldbraun. Wenn Sie die Frittata als Vorspeise in mundgerechten Stücken servieren wollen, backen Sie sie in einer rechteckigen Form und mit um 5 bis 10 Minuten verkürzter Backzeit. Heiß oder lauwarm servieren.

Für 4 bis 12 Personen

REGISTER

DANKSAGUNGEN

Dieses Buch ist ein Ergebnis meiner guten Verbindungen zu wunderbaren Köchen und hingebungsvollen Landwirten. Ich möchte einer Vielzahl von Freunden danken, deren Koch- und Schreibkünste mir über viele Jahre hinweg Inspiration gaben. Catherine Brandel, Küchenchefin im Chez Panisse Café, ermunterte mich und gab mir praktischen Rat bei Rezepten; Deborah Madison, die Autorin von *The Greens Cookbook* und *The Savory Way*, war ein ewiger Quell von neuen Ideen für die vegetarische Küche; Barbara Tropp und Niloufer Ichaporia, beide Meister der asiatischen Küche, gaben mir hilfreiche Tips bei speziellen Rezepten.

Dale Coke, Stuart Dickson und Viki von Lakhum überarbeiteten das Glossar, Renee Sheperd und Wendy Krupnik von *Sheperd's Garden Seeds* gaben mir ebenfalls Ratschläge dafür. Mimi Luebbermann war immer bereit, mich zu unterstützen.

Besonders danken möchte ich Maggie Waldron und Elaine Ratner; Ross Browne für seine Hilfe beim Testen der Rezepte und Janet Fletcher für ihre präzisen und gut durchdachten Kommentare. Meesha Halm war hilfreich bei der Vereinheitlichung der Rezepte. Schließlich wurde dieses Buch erheblich verbessert durch die Unterstützung von Christopher Polk, der stets auf Termine achtete und die Rezepte in ihrer Entwicklung probierte.

Sibella Kraus

Für die Fotos:
Collins und das Fotografenteam möchten ebenfalls den Fotoassistenten Dimitros Spathis und Helga Sigvaldadottir danken; Sara Slavin, Requisite; Michaele Thunen, Blumen-Stylist und Requisiten-Spezialist; Liz Ross, Elisabeth Pressler, der Kona Kai Farm in Berkeley, dem Spottswoode Weingut und Williams-Sonoma.